Name _____ Date _____

6 × 10	9 × 5	11 × 7	6 × 2
1 × 13	15 × 12	2 × 4	7 × 7
13 × 7	10 × 15	15 × 10	15 × 15
15 × 4	9 × 15	1 × 5	4 × 4
5 × 13	7 × 1	4 × 8	9 × 7

Education is key to success!

Name _____ Date _____

| 1×1 | 5×10 | 2×5 | 7×11 |

| 11×1 | 15×7 | 3×5 | 8×1 |

| 6×15 | 2×13 | 7×2 | 12×8 |

| 4×5 | 10×5 | 7×14 | 2×3 |

| 3×12 | 13×10 | 14×14 | 3×15 |

Name _____ Date _____

$$\begin{array}{r}6\\\times\ 9\\\hline\end{array}\qquad\begin{array}{r}10\\\times\ 1\\\hline\end{array}\qquad\begin{array}{r}6\\\times\ 12\\\hline\end{array}\qquad\begin{array}{r}1\\\times\ 10\\\hline\end{array}$$

$$\begin{array}{r}10\\\times\ 4\\\hline\end{array}\qquad\begin{array}{r}7\\\times\ 12\\\hline\end{array}\qquad\begin{array}{r}10\\\times\ 5\\\hline\end{array}\qquad\begin{array}{r}2\\\times\ 3\\\hline\end{array}$$

$$\begin{array}{r}12\\\times\ 3\\\hline\end{array}\qquad\begin{array}{r}15\\\times\ 6\\\hline\end{array}\qquad\begin{array}{r}15\\\times\ 7\\\hline\end{array}\qquad\begin{array}{r}14\\\times\ 11\\\hline\end{array}$$

$$\begin{array}{r}9\\\times\ 11\\\hline\end{array}\qquad\begin{array}{r}5\\\times\ 14\\\hline\end{array}\qquad\begin{array}{r}1\\\times\ 1\\\hline\end{array}\qquad\begin{array}{r}9\\\times\ 14\\\hline\end{array}$$

$$\begin{array}{r}8\\\times\ 2\\\hline\end{array}\qquad\begin{array}{r}12\\\times\ 15\\\hline\end{array}\qquad\begin{array}{r}4\\\times\ 5\\\hline\end{array}\qquad\begin{array}{r}1\\\times\ 3\\\hline\end{array}$$

Education is key to success!

Name _____   Date _____

8 × 15	4 × 3	4 × 1	3 × 12
14 × 14	7 × 11	11 × 7	10 × 5
6 × 6	10 × 14	5 × 11	6 × 11
15 × 14	12 × 4	13 × 7	13 × 12
2 × 9	15 × 9	2 × 4	13 × 3

Education is key to success!

Name _____ Date _____

| 9 × 14 | 11 × 2 | 4 × 7 | 7 × 9 |

| 5 × 14 | 1 × 2 | 6 × 8 | 15 × 2 |

| 5 × 2 | 3 × 12 | 14 × 12 | 2 × 15 |

| 15 × 5 | 3 × 13 | 15 × 11 | 15 × 13 |

| 6 × 15 | 5 × 12 | 11 × 6 | 13 × 11 |

Education is key to success!

Name _____ Date _____

9 × 3	8 × 5	7 × 11	10 × 6
11 × 5	7 × 5	5 × 3	14 × 10
15 × 8	5 × 15	2 × 8	8 × 8
13 × 13	6 × 7	2 × 6	9 × 12
9 × 14	8 × 12	10 × 8	11 × 12

Education is key to success!

Name _____ Date _____

9 × 10	12 × 8	6 × 15	2 × 9
1 × 7	15 × 2	13 × 2	14 × 6
5 × 14	12 × 2	6 × 9	13 × 5
9 × 9	13 × 14	8 × 13	11 × 14
7 × 6	10 × 1	2 × 8	8 × 10

Education is key to success!

Name _____   Date _____

```
    2          3         10          8
× 13        ×  3       × 13       × 14
```

```
    4          1          9          5
×  6        ×  7       ×  8       ×  7
```

```
    6         10          2          3
×  5        ×  9       ×  3       ×  5
```

```
    5          8          8         14
× 12        × 15       ×  4       × 11
```

```
    7          6          6         10
×  7        ×  2       ×  6       ×  8
```

Education is key to success!

Name _____   Date _____

$\begin{array}{r}8\\ \times\ 10\\ \hline\end{array}$
$\begin{array}{r}9\\ \times\ 5\\ \hline\end{array}$
$\begin{array}{r}8\\ \times\ 2\\ \hline\end{array}$
$\begin{array}{r}10\\ \times\ 9\\ \hline\end{array}$

$\begin{array}{r}15\\ \times\ 8\\ \hline\end{array}$
$\begin{array}{r}2\\ \times\ 9\\ \hline\end{array}$
$\begin{array}{r}3\\ \times\ 13\\ \hline\end{array}$
$\begin{array}{r}11\\ \times\ 10\\ \hline\end{array}$

$\begin{array}{r}10\\ \times\ 7\\ \hline\end{array}$
$\begin{array}{r}10\\ \times\ 2\\ \hline\end{array}$
$\begin{array}{r}13\\ \times\ 13\\ \hline\end{array}$
$\begin{array}{r}3\\ \times\ 2\\ \hline\end{array}$

$\begin{array}{r}1\\ \times\ 6\\ \hline\end{array}$
$\begin{array}{r}3\\ \times\ 9\\ \hline\end{array}$
$\begin{array}{r}5\\ \times\ 13\\ \hline\end{array}$
$\begin{array}{r}6\\ \times\ 1\\ \hline\end{array}$

$\begin{array}{r}7\\ \times\ 8\\ \hline\end{array}$
$\begin{array}{r}8\\ \times\ 8\\ \hline\end{array}$
$\begin{array}{r}13\\ \times\ 1\\ \hline\end{array}$
$\begin{array}{r}3\\ \times\ 8\\ \hline\end{array}$

Education is key to success!

Name _____   Date _____

15 × 6	14 × 12	14 × 14	1 × 14
1 × 4	8 × 6	10 × 2	9 × 7
1 × 7	15 × 13	13 × 13	9 × 3
15 × 10	3 × 2	12 × 11	8 × 8
12 × 1	11 × 9	4 × 14	6 × 11

Education is key to success!

Name _____   Date _____

| 1×11 | 12×11 | 1×12 | 15×14 |

| 14×10 | 4×10 | 6×11 | 4×14 |

| 15×4 | 12×1 | 6×12 | 3×7 |

| 8×12 | 1×13 | 8×15 | 6×8 |

| 8×14 | 6×15 | 9×6 | 5×7 |

Education is key to success!

Name _____   Date _____

| 8 | 6 | 8 | 5 |
| × 2 | × 14 | × 3 | × 2 |

| 14 | 10 | 13 | 8 |
| × 12 | × 4 | × 6 | × 15 |

| 9 | 1 | 15 | 6 |
| × 12 | × 1 | × 3 | × 4 |

| 2 | 5 | 5 | 13 |
| × 1 | × 14 | × 8 | × 7 |

| 12 | 13 | 7 | 1 |
| × 8 | × 14 | × 6 | × 4 |

Education is key to success!

Name _____ Date _____

$\begin{array}{r}2\\ \times\,2\\ \hline\end{array}$ $\begin{array}{r}1\\ \times\,14\\ \hline\end{array}$ $\begin{array}{r}9\\ \times\,10\\ \hline\end{array}$ $\begin{array}{r}3\\ \times\,1\\ \hline\end{array}$

$\begin{array}{r}11\\ \times\,3\\ \hline\end{array}$ $\begin{array}{r}1\\ \times\,1\\ \hline\end{array}$ $\begin{array}{r}14\\ \times\,7\\ \hline\end{array}$ $\begin{array}{r}1\\ \times\,8\\ \hline\end{array}$

$\begin{array}{r}12\\ \times\,9\\ \hline\end{array}$ $\begin{array}{r}10\\ \times\,14\\ \hline\end{array}$ $\begin{array}{r}9\\ \times\,15\\ \hline\end{array}$ $\begin{array}{r}11\\ \times\,11\\ \hline\end{array}$

$\begin{array}{r}3\\ \times\,12\\ \hline\end{array}$ $\begin{array}{r}10\\ \times\,2\\ \hline\end{array}$ $\begin{array}{r}8\\ \times\,1\\ \hline\end{array}$ $\begin{array}{r}12\\ \times\,3\\ \hline\end{array}$

$\begin{array}{r}15\\ \times\,12\\ \hline\end{array}$ $\begin{array}{r}9\\ \times\,1\\ \hline\end{array}$ $\begin{array}{r}12\\ \times\,12\\ \hline\end{array}$ $\begin{array}{r}13\\ \times\,7\\ \hline\end{array}$

Education is key to success!

Name _____ Date _____

13 × 7	8 × 2	1 × 1	7 × 11
15 × 15	7 × 7	14 × 1	1 × 8
13 × 15	15 × 7	13 × 14	6 × 9
5 × 3	1 × 14	15 × 3	6 × 2
5 × 8	9 × 13	2 × 2	14 × 2

Education is key to success!

Name _____ Date _____

9 × 1	12 × 2	8 × 5	11 × 13
7 × 11	15 × 2	9 × 14	5 × 12
4 × 4	14 × 7	13 × 6	15 × 1
4 × 2	8 × 10	11 × 4	4 × 14
12 × 4	14 × 1	9 × 9	9 × 3

Education is key to success!

Name _____   Date _____

11 × 10	6 × 10	10 × 9	3 × 1
11 × 1	4 × 2	15 × 3	2 × 8
10 × 10	11 × 15	12 × 4	13 × 11
6 × 2	12 × 6	3 × 4	2 × 7
6 × 5	14 × 11	13 × 12	13 × 15

Education is key to success!

Name _____   Date _____

6 × 9	7 × 12	6 × 4	7 × 7
15 × 14	1 × 8	14 × 1	2 × 9
12 × 8	5 × 1	1 × 1	1 × 13
15 × 7	11 × 4	14 × 14	12 × 12
9 × 3	9 × 1	10 × 8	13 × 9

Education is key to success!

Name _____ Date _____

5 × 1	4 × 4	12 × 12	2 × 3
4 × 11	12 × 5	14 × 12	1 × 5
11 × 4	12 × 6	15 × 3	7 × 10
14 × 2	3 × 11	8 × 11	3 × 3
12 × 11	10 × 12	10 × 15	7 × 1

Education is key to success!

Name _____ Date _____

$$\begin{array}{r}3\\ \times\,11\\ \hline\end{array} \qquad \begin{array}{r}13\\ \times\,10\\ \hline\end{array} \qquad \begin{array}{r}6\\ \times\,4\\ \hline\end{array} \qquad \begin{array}{r}4\\ \times\,5\\ \hline\end{array}$$

$$\begin{array}{r}6\\ \times\,7\\ \hline\end{array} \qquad \begin{array}{r}1\\ \times\,8\\ \hline\end{array} \qquad \begin{array}{r}9\\ \times\,2\\ \hline\end{array} \qquad \begin{array}{r}14\\ \times\,3\\ \hline\end{array}$$

$$\begin{array}{r}9\\ \times\,13\\ \hline\end{array} \qquad \begin{array}{r}4\\ \times\,7\\ \hline\end{array} \qquad \begin{array}{r}3\\ \times\,15\\ \hline\end{array} \qquad \begin{array}{r}10\\ \times\,6\\ \hline\end{array}$$

$$\begin{array}{r}8\\ \times\,12\\ \hline\end{array} \qquad \begin{array}{r}6\\ \times\,5\\ \hline\end{array} \qquad \begin{array}{r}2\\ \times\,15\\ \hline\end{array} \qquad \begin{array}{r}7\\ \times\,6\\ \hline\end{array}$$

$$\begin{array}{r}8\\ \times\,5\\ \hline\end{array} \qquad \begin{array}{r}2\\ \times\,13\\ \hline\end{array} \qquad \begin{array}{r}8\\ \times\,10\\ \hline\end{array} \qquad \begin{array}{r}1\\ \times\,1\\ \hline\end{array}$$

Education is key to success!

Name _____   Date _____

$$\begin{array}{r}7\\\times\,11\\\hline\end{array}\qquad\begin{array}{r}13\\\times\,3\\\hline\end{array}\qquad\begin{array}{r}7\\\times\,2\\\hline\end{array}\qquad\begin{array}{r}12\\\times\,5\\\hline\end{array}$$

$$\begin{array}{r}7\\\times\,6\\\hline\end{array}\qquad\begin{array}{r}5\\\times\,3\\\hline\end{array}\qquad\begin{array}{r}13\\\times\,4\\\hline\end{array}\qquad\begin{array}{r}15\\\times\,2\\\hline\end{array}$$

$$\begin{array}{r}2\\\times\,11\\\hline\end{array}\qquad\begin{array}{r}15\\\times\,1\\\hline\end{array}\qquad\begin{array}{r}13\\\times\,8\\\hline\end{array}\qquad\begin{array}{r}13\\\times\,11\\\hline\end{array}$$

$$\begin{array}{r}12\\\times\,14\\\hline\end{array}\qquad\begin{array}{r}4\\\times\,10\\\hline\end{array}\qquad\begin{array}{r}4\\\times\,1\\\hline\end{array}\qquad\begin{array}{r}7\\\times\,8\\\hline\end{array}$$

$$\begin{array}{r}6\\\times\,13\\\hline\end{array}\qquad\begin{array}{r}11\\\times\,7\\\hline\end{array}\qquad\begin{array}{r}3\\\times\,1\\\hline\end{array}\qquad\begin{array}{r}12\\\times\,4\\\hline\end{array}$$

Education is key to success!

Name _____ Date _____

```
    5         14         12          6
  × 5        × 7        × 2        × 13


    1          5          1          1
  × 12       × 8        × 13       × 8


   13         14         11         11
  × 4        × 13       × 7        × 13


   11          8          3          5
  × 3        × 10       × 7        × 6


   15          4          8          2
  × 4        × 3        × 5        × 3
```

Education is key to success!

Name _____   Date _____

11 × 7	7 × 15	9 × 9	12 × 12
15 × 3	5 × 12	15 × 14	3 × 6
14 × 1	1 × 14	12 × 13	5 × 10
12 × 1	8 × 9	11 × 3	13 × 8
9 × 11	11 × 10	2 × 9	10 × 13

Education is key to success!

Name _____ Date _____

$$15 \times 11$$ $$1 \times 15$$ $$3 \times 5$$ $$1 \times 5$$

$$9 \times 5$$ $$15 \times 8$$ $$6 \times 5$$ $$13 \times 14$$

$$5 \times 13$$ $$13 \times 9$$ $$5 \times 7$$ $$7 \times 15$$

$$3 \times 10$$ $$5 \times 1$$ $$7 \times 5$$ $$10 \times 7$$

$$1 \times 11$$ $$7 \times 2$$ $$8 \times 7$$ $$10 \times 14$$

Education is key to success!

Name _____   Date _____

$\begin{array}{r}11\\ \times\ 15\\ \hline\end{array}$ $\begin{array}{r}1\\ \times\ 7\\ \hline\end{array}$ $\begin{array}{r}9\\ \times\ 7\\ \hline\end{array}$ $\begin{array}{r}1\\ \times\ 3\\ \hline\end{array}$

$\begin{array}{r}9\\ \times\ 9\\ \hline\end{array}$ $\begin{array}{r}12\\ \times\ 6\\ \hline\end{array}$ $\begin{array}{r}10\\ \times\ 2\\ \hline\end{array}$ $\begin{array}{r}10\\ \times\ 12\\ \hline\end{array}$

$\begin{array}{r}6\\ \times\ 6\\ \hline\end{array}$ $\begin{array}{r}9\\ \times\ 2\\ \hline\end{array}$ $\begin{array}{r}13\\ \times\ 13\\ \hline\end{array}$ $\begin{array}{r}13\\ \times\ 4\\ \hline\end{array}$

$\begin{array}{r}6\\ \times\ 10\\ \hline\end{array}$ $\begin{array}{r}13\\ \times\ 14\\ \hline\end{array}$ $\begin{array}{r}1\\ \times\ 10\\ \hline\end{array}$ $\begin{array}{r}9\\ \times\ 12\\ \hline\end{array}$

$\begin{array}{r}6\\ \times\ 3\\ \hline\end{array}$ $\begin{array}{r}11\\ \times\ 10\\ \hline\end{array}$ $\begin{array}{r}2\\ \times\ 7\\ \hline\end{array}$ $\begin{array}{r}10\\ \times\ 11\\ \hline\end{array}$

Education is key to success!

Name _____ Date _____

9 × 6	4 × 1	2 × 13	12 × 4
2 × 12	11 × 2	8 × 12	6 × 8
8 × 5	14 × 5	8 × 1	3 × 13
8 × 15	3 × 3	10 × 2	13 × 12
3 × 12	2 × 10	8 × 14	9 × 9

Education is key to success!

Name _____   Date _____

10	9	7	2
× 4	× 14	× 14	× 8

14	7	11	1
× 13	× 3	× 3	× 5

13	3	4	1
× 10	× 13	× 2	× 6

7	8	7	3
× 2	× 6	× 15	× 7

8	1	8	10
× 8	× 13	× 9	× 8

Education is key to success!

Name _____   Date _____

$$\begin{array}{r}9\\ \times\,7\\ \hline\end{array} \qquad \begin{array}{r}9\\ \times\,3\\ \hline\end{array} \qquad \begin{array}{r}15\\ \times\,\,1\\ \hline\end{array} \qquad \begin{array}{r}10\\ \times\,\,8\\ \hline\end{array}$$

$$\begin{array}{r}13\\ \times\,11\\ \hline\end{array} \qquad \begin{array}{r}5\\ \times\,8\\ \hline\end{array} \qquad \begin{array}{r}11\\ \times\,14\\ \hline\end{array} \qquad \begin{array}{r}15\\ \times\,\,9\\ \hline\end{array}$$

$$\begin{array}{r}13\\ \times\,15\\ \hline\end{array} \qquad \begin{array}{r}8\\ \times\,3\\ \hline\end{array} \qquad \begin{array}{r}8\\ \times\,15\\ \hline\end{array} \qquad \begin{array}{r}15\\ \times\,15\\ \hline\end{array}$$

$$\begin{array}{r}7\\ \times\,2\\ \hline\end{array} \qquad \begin{array}{r}13\\ \times\,14\\ \hline\end{array} \qquad \begin{array}{r}3\\ \times\,2\\ \hline\end{array} \qquad \begin{array}{r}4\\ \times\,9\\ \hline\end{array}$$

$$\begin{array}{r}1\\ \times\,9\\ \hline\end{array} \qquad \begin{array}{r}5\\ \times\,14\\ \hline\end{array} \qquad \begin{array}{r}1\\ \times\,13\\ \hline\end{array} \qquad \begin{array}{r}4\\ \times\,14\\ \hline\end{array}$$

Education is key to success!

Name _____   Date _____

| 3 × 8 | 14 × 15 | 13 × 15 | 7 × 13 |

| 10 × 15 | 1 × 2 | 7 × 9 | 3 × 1 |

| 14 × 14 | 3 × 2 | 1 × 5 | 6 × 9 |

| 14 × 9 | 15 × 12 | 11 × 11 | 9 × 1 |

| 1 × 1 | 9 × 14 | 13 × 12 | 14 × 13 |

Education is key to success!

Name _____ Date _____

4 × 1	6 × 7	1 × 9	5 × 11
2 × 1	9 × 13	8 × 7	1 × 10
8 × 2	1 × 14	7 × 9	5 × 14
2 × 2	15 × 9	8 × 13	15 × 11
9 × 2	12 × 14	15 × 5	8 × 6

Education is key to success!

Name _____ Date _____

$\begin{array}{r}1\\ \times\ 6\\ \hline\end{array}$	$\begin{array}{r}6\\ \times\ 1\\ \hline\end{array}$	$\begin{array}{r}14\\ \times\ 15\\ \hline\end{array}$	$\begin{array}{r}2\\ \times\ 5\\ \hline\end{array}$
$\begin{array}{r}15\\ \times\ 3\\ \hline\end{array}$	$\begin{array}{r}4\\ \times\ 6\\ \hline\end{array}$	$\begin{array}{r}2\\ \times\ 4\\ \hline\end{array}$	$\begin{array}{r}3\\ \times\ 9\\ \hline\end{array}$
$\begin{array}{r}14\\ \times\ 7\\ \hline\end{array}$	$\begin{array}{r}7\\ \times\ 12\\ \hline\end{array}$	$\begin{array}{r}1\\ \times\ 15\\ \hline\end{array}$	$\begin{array}{r}10\\ \times\ 2\\ \hline\end{array}$
$\begin{array}{r}3\\ \times\ 1\\ \hline\end{array}$	$\begin{array}{r}1\\ \times\ 14\\ \hline\end{array}$	$\begin{array}{r}15\\ \times\ 1\\ \hline\end{array}$	$\begin{array}{r}13\\ \times\ 5\\ \hline\end{array}$
$\begin{array}{r}13\\ \times\ 8\\ \hline\end{array}$	$\begin{array}{r}3\\ \times\ 10\\ \hline\end{array}$	$\begin{array}{r}10\\ \times\ 15\\ \hline\end{array}$	$\begin{array}{r}15\\ \times\ 13\\ \hline\end{array}$

Education is key to success!

Name _____   Date _____

| 14 × 7 | 5 × 8 | 14 × 13 | 15 × 12 |

| 11 × 1 | 9 × 15 | 13 × 5 | 15 × 8 |

| 9 × 10 | 9 × 1 | 6 × 12 | 13 × 3 |

| 4 × 7 | 15 × 7 | 1 × 9 | 1 × 10 |

| 12 × 5 | 8 × 7 | 13 × 2 | 4 × 1 |

Education is key to success!

Name _____   Date _____

10 × 8	1 × 9	8 × 5	8 × 1
9 × 7	6 × 11	2 × 12	11 × 4
4 × 3	6 × 7	3 × 7	5 × 15
8 × 6	1 × 8	12 × 13	15 × 4
11 × 14	8 × 7	2 × 2	14 × 13

Education is key to success!

Name _____   Date _____

| 3 | 1 | 10 | 13 |
| × 2 | × 6 | × 4 | × 1 |

| 5 | 10 | 3 | 10 |
| × 5 | × 6 | × 9 | × 14 |

| 6 | 6 | 15 | 11 |
| × 4 | × 11 | × 15 | × 7 |

| 1 | 7 | 7 | 4 |
| × 11 | × 2 | × 11 | × 2 |

| 11 | 3 | 8 | 6 |
| × 14 | × 15 | × 4 | × 10 |

Education is key to success!

Name _____ Date _____

$$\begin{array}{r} 10 \\ \times\ 5 \\ \hline \end{array} \qquad \begin{array}{r} 10 \\ \times\ 8 \\ \hline \end{array} \qquad \begin{array}{r} 4 \\ \times\ 6 \\ \hline \end{array} \qquad \begin{array}{r} 10 \\ \times\ 7 \\ \hline \end{array}$$

$$\begin{array}{r} 15 \\ \times\ 11 \\ \hline \end{array} \qquad \begin{array}{r} 6 \\ \times\ 8 \\ \hline \end{array} \qquad \begin{array}{r} 10 \\ \times\ 10 \\ \hline \end{array} \qquad \begin{array}{r} 1 \\ \times\ 9 \\ \hline \end{array}$$

$$\begin{array}{r} 1 \\ \times\ 4 \\ \hline \end{array} \qquad \begin{array}{r} 4 \\ \times\ 12 \\ \hline \end{array} \qquad \begin{array}{r} 12 \\ \times\ 13 \\ \hline \end{array} \qquad \begin{array}{r} 11 \\ \times\ 12 \\ \hline \end{array}$$

$$\begin{array}{r} 12 \\ \times\ 1 \\ \hline \end{array} \qquad \begin{array}{r} 4 \\ \times\ 7 \\ \hline \end{array} \qquad \begin{array}{r} 3 \\ \times\ 14 \\ \hline \end{array} \qquad \begin{array}{r} 11 \\ \times\ 14 \\ \hline \end{array}$$

$$\begin{array}{r} 8 \\ \times\ 14 \\ \hline \end{array} \qquad \begin{array}{r} 13 \\ \times\ 5 \\ \hline \end{array} \qquad \begin{array}{r} 2 \\ \times\ 12 \\ \hline \end{array} \qquad \begin{array}{r} 4 \\ \times\ 3 \\ \hline \end{array}$$

Education is key to success!

Name _____ Date _____

11 × 10	15 × 4	5 × 11	10 × 14
12 × 1	4 × 12	9 × 15	5 × 12
13 × 1	9 × 12	8 × 13	6 × 1
3 × 9	15 × 10	4 × 3	3 × 1
15 × 7	6 × 6	11 × 2	12 × 9

Education is key to success!

Name _____   Date _____

11 × 9	7 × 8	10 × 3	14 × 6
7 × 2	13 × 5	3 × 2	8 × 12
13 × 1	13 × 7	4 × 12	2 × 4
6 × 10	2 × 7	9 × 5	2 × 2
3 × 3	12 × 15	2 × 15	9 × 9

Education is key to success!

Name _____ Date _____

$\begin{array}{r}1\\\times\,13\\\hline\end{array}$
$\begin{array}{r}2\\\times\,12\\\hline\end{array}$
$\begin{array}{r}8\\\times\,2\\\hline\end{array}$
$\begin{array}{r}12\\\times\,8\\\hline\end{array}$

$\begin{array}{r}2\\\times\,2\\\hline\end{array}$
$\begin{array}{r}14\\\times\,8\\\hline\end{array}$
$\begin{array}{r}8\\\times\,10\\\hline\end{array}$
$\begin{array}{r}10\\\times\,6\\\hline\end{array}$

$\begin{array}{r}6\\\times\,15\\\hline\end{array}$
$\begin{array}{r}7\\\times\,5\\\hline\end{array}$
$\begin{array}{r}8\\\times\,8\\\hline\end{array}$
$\begin{array}{r}7\\\times\,4\\\hline\end{array}$

$\begin{array}{r}15\\\times\,1\\\hline\end{array}$
$\begin{array}{r}3\\\times\,4\\\hline\end{array}$
$\begin{array}{r}12\\\times\,9\\\hline\end{array}$
$\begin{array}{r}8\\\times\,15\\\hline\end{array}$

$\begin{array}{r}11\\\times\,10\\\hline\end{array}$
$\begin{array}{r}15\\\times\,14\\\hline\end{array}$
$\begin{array}{r}12\\\times\,11\\\hline\end{array}$
$\begin{array}{r}1\\\times\,9\\\hline\end{array}$

Education is key to success!

Name _____   Date _____

2 × 5	9 × 13	4 × 14	15 × 10
1 × 12	13 × 2	8 × 2	2 × 15
11 × 3	13 × 3	14 × 13	2 × 4
13 × 11	6 × 14	3 × 3	9 × 6
15 × 8	9 × 10	2 × 2	6 × 1

Education is key to success!

Name _____   Date _____

$$\begin{array}{r}4\\ \times\,8\\ \hline\end{array} \qquad \begin{array}{r}10\\ \times\,7\\ \hline\end{array} \qquad \begin{array}{r}2\\ \times\,11\\ \hline\end{array} \qquad \begin{array}{r}10\\ \times\,10\\ \hline\end{array}$$

$$\begin{array}{r}1\\ \times\,7\\ \hline\end{array} \qquad \begin{array}{r}15\\ \times\,14\\ \hline\end{array} \qquad \begin{array}{r}9\\ \times\,7\\ \hline\end{array} \qquad \begin{array}{r}11\\ \times\,10\\ \hline\end{array}$$

$$\begin{array}{r}7\\ \times\,2\\ \hline\end{array} \qquad \begin{array}{r}10\\ \times\,6\\ \hline\end{array} \qquad \begin{array}{r}12\\ \times\,5\\ \hline\end{array} \qquad \begin{array}{r}9\\ \times\,9\\ \hline\end{array}$$

$$\begin{array}{r}15\\ \times\,1\\ \hline\end{array} \qquad \begin{array}{r}10\\ \times\,11\\ \hline\end{array} \qquad \begin{array}{r}2\\ \times\,9\\ \hline\end{array} \qquad \begin{array}{r}7\\ \times\,10\\ \hline\end{array}$$

$$\begin{array}{r}15\\ \times\,6\\ \hline\end{array} \qquad \begin{array}{r}6\\ \times\,9\\ \hline\end{array} \qquad \begin{array}{r}7\\ \times\,15\\ \hline\end{array} \qquad \begin{array}{r}7\\ \times\,8\\ \hline\end{array}$$

Education is key to success!

Name _____   Date _____

$$\begin{array}{r}7\\ \times\ 15\\ \hline\end{array} \qquad \begin{array}{r}1\\ \times\ 1\\ \hline\end{array} \qquad \begin{array}{r}2\\ \times\ 13\\ \hline\end{array} \qquad \begin{array}{r}14\\ \times\ 3\\ \hline\end{array}$$

$$\begin{array}{r}4\\ \times\ 13\\ \hline\end{array} \qquad \begin{array}{r}8\\ \times\ 2\\ \hline\end{array} \qquad \begin{array}{r}1\\ \times\ 14\\ \hline\end{array} \qquad \begin{array}{r}9\\ \times\ 4\\ \hline\end{array}$$

$$\begin{array}{r}11\\ \times\ 12\\ \hline\end{array} \qquad \begin{array}{r}10\\ \times\ 2\\ \hline\end{array} \qquad \begin{array}{r}8\\ \times\ 8\\ \hline\end{array} \qquad \begin{array}{r}15\\ \times\ 13\\ \hline\end{array}$$

$$\begin{array}{r}2\\ \times\ 3\\ \hline\end{array} \qquad \begin{array}{r}7\\ \times\ 5\\ \hline\end{array} \qquad \begin{array}{r}7\\ \times\ 11\\ \hline\end{array} \qquad \begin{array}{r}8\\ \times\ 7\\ \hline\end{array}$$

$$\begin{array}{r}8\\ \times\ 9\\ \hline\end{array} \qquad \begin{array}{r}2\\ \times\ 5\\ \hline\end{array} \qquad \begin{array}{r}2\\ \times\ 7\\ \hline\end{array} \qquad \begin{array}{r}11\\ \times\ 3\\ \hline\end{array}$$

Education is key to success!

Name _____   Date _____

$\begin{array}{r}1\\ \times\,11\\ \hline\end{array}$
$\begin{array}{r}9\\ \times\,4\\ \hline\end{array}$
$\begin{array}{r}2\\ \times\,8\\ \hline\end{array}$
$\begin{array}{r}9\\ \times\,2\\ \hline\end{array}$

$\begin{array}{r}4\\ \times\,8\\ \hline\end{array}$
$\begin{array}{r}14\\ \times\,8\\ \hline\end{array}$
$\begin{array}{r}7\\ \times\,4\\ \hline\end{array}$
$\begin{array}{r}5\\ \times\,3\\ \hline\end{array}$

$\begin{array}{r}6\\ \times\,14\\ \hline\end{array}$
$\begin{array}{r}11\\ \times\,5\\ \hline\end{array}$
$\begin{array}{r}13\\ \times\,9\\ \hline\end{array}$
$\begin{array}{r}6\\ \times\,9\\ \hline\end{array}$

$\begin{array}{r}6\\ \times\,6\\ \hline\end{array}$
$\begin{array}{r}7\\ \times\,3\\ \hline\end{array}$
$\begin{array}{r}9\\ \times\,10\\ \hline\end{array}$
$\begin{array}{r}12\\ \times\,15\\ \hline\end{array}$

$\begin{array}{r}15\\ \times\,1\\ \hline\end{array}$
$\begin{array}{r}4\\ \times\,4\\ \hline\end{array}$
$\begin{array}{r}10\\ \times\,3\\ \hline\end{array}$
$\begin{array}{r}7\\ \times\,5\\ \hline\end{array}$

Education is key to success!

Name _____   Date _____

```
   13            1             7            12
 ×  2          × 6           × 2          ×  5
 ----          ---           ---          ----

    4            3            13             3
 ×  1          × 1           × 10          × 7
 ----          ---           ----          ---

    1            6            13             7
 ×  1          × 14          × 12          × 4
 ----          ----          ----          ---

    8            2            12            13
 ×  4          × 10          × 15          × 11
 ----          ----          ----          ----

    1            4             1             5
 × 12          × 4           × 13          × 8
 ----          ---           ----          ---
```

Education is key to success!

Name _____ Date _____

11 × 14	10 × 7	2 × 1	4 × 7
13 × 7	3 × 15	15 × 13	15 × 7
12 × 2	14 × 4	9 × 8	2 × 15
1 × 2	9 × 1	6 × 9	3 × 1
1 × 9	3 × 3	4 × 12	7 × 3

Education is key to success!

Name _____   Date _____

8 × 11	6 × 11	6 × 13	3 × 2
4 × 4	13 × 1	8 × 10	1 × 14
5 × 6	15 × 10	13 × 8	4 × 2
7 × 11	14 × 7	5 × 3	8 × 13
13 × 12	1 × 15	2 × 9	13 × 2

Education is key to success!

Name _____ Date _____

2 × 8	6 × 12	5 × 4	10 × 1
13 × 2	12 × 2	1 × 12	2 × 13
11 × 6	14 × 7	5 × 7	14 × 15
3 × 10	9 × 12	2 × 11	12 × 15
9 × 7	13 × 9	15 × 12	15 × 8

Education is key to success!

Name _____   Date _____

```
    6           15           13            7
  × 12         ×  7         ×  5         ×  4
  ----         ----         ----         ----


    5            7           10            8
  × 13         × 13         ×  7         × 7
  ----         ----         ----         ----


    7            9           12           14
  × 1          × 4          × 8          × 1
  ----         ----         ----         ----


   11           11            2           12
  × 15         × 12         × 13         × 14
  ----         ----         ----         ----


    4            3           14            7
  × 2          × 5          × 3          × 9
  ----         ----         ----         ----
```

Education is key to success!

Name _____   Date _____

$\begin{array}{r}11\\\times\ 4\\\hline\end{array}$ $\begin{array}{r}4\\\times\ 1\\\hline\end{array}$ $\begin{array}{r}5\\\times\ 10\\\hline\end{array}$ $\begin{array}{r}5\\\times\ 5\\\hline\end{array}$

$\begin{array}{r}1\\\times\ 6\\\hline\end{array}$ $\begin{array}{r}14\\\times\ 9\\\hline\end{array}$ $\begin{array}{r}15\\\times\ 11\\\hline\end{array}$ $\begin{array}{r}5\\\times\ 13\\\hline\end{array}$

$\begin{array}{r}5\\\times\ 2\\\hline\end{array}$ $\begin{array}{r}2\\\times\ 8\\\hline\end{array}$ $\begin{array}{r}10\\\times\ 9\\\hline\end{array}$ $\begin{array}{r}14\\\times\ 13\\\hline\end{array}$

$\begin{array}{r}14\\\times\ 1\\\hline\end{array}$ $\begin{array}{r}12\\\times\ 15\\\hline\end{array}$ $\begin{array}{r}5\\\times\ 8\\\hline\end{array}$ $\begin{array}{r}13\\\times\ 15\\\hline\end{array}$

$\begin{array}{r}8\\\times\ 12\\\hline\end{array}$ $\begin{array}{r}1\\\times\ 5\\\hline\end{array}$ $\begin{array}{r}11\\\times\ 8\\\hline\end{array}$ $\begin{array}{r}2\\\times\ 12\\\hline\end{array}$

Education is key to success!

Name _____   Date _____

4 × 2	2 × 4	11 × 5	3 × 1
15 × 12	8 × 7	5 × 14	14 × 4
5 × 13	12 × 2	1 × 10	11 × 11
12 × 4	13 × 8	15 × 13	7 × 14
6 × 4	8 × 3	5 × 15	7 × 13

Education is key to success!

Name _____   Date _____

```
   15          11          11          10
 × 13        × 10        × 12        × 14


    5           5           8          11
 × 13         × 8         × 6         × 6


    2           2           8           7
  × 7         × 6         × 3         × 8


    7           8           5           3
  × 3         × 8        × 12         × 5


    6           8           1           6
  × 6         × 4         × 9        × 12
```

Education is key to success!

Name _____   Date _____

5 × 4	12 × 8	11 × 5	8 × 4

5 × 11	14 × 6	5 × 6	10 × 13

9 × 13	10 × 4	5 × 10	10 × 11

15 × 14	1 × 3	13 × 11	7 × 12

10 × 1	11 × 4	7 × 5	8 × 2

Education is key to success!

Name _____ Date _____

$$\begin{array}{r}1\\ \times\,5\\ \hline\end{array} \qquad \begin{array}{r}8\\ \times\,10\\ \hline\end{array} \qquad \begin{array}{r}9\\ \times\,2\\ \hline\end{array} \qquad \begin{array}{r}13\\ \times\,1\\ \hline\end{array}$$

$$\begin{array}{r}11\\ \times\,8\\ \hline\end{array} \qquad \begin{array}{r}12\\ \times\,2\\ \hline\end{array} \qquad \begin{array}{r}1\\ \times\,14\\ \hline\end{array} \qquad \begin{array}{r}11\\ \times\,6\\ \hline\end{array}$$

$$\begin{array}{r}3\\ \times\,3\\ \hline\end{array} \qquad \begin{array}{r}5\\ \times\,1\\ \hline\end{array} \qquad \begin{array}{r}7\\ \times\,15\\ \hline\end{array} \qquad \begin{array}{r}12\\ \times\,1\\ \hline\end{array}$$

$$\begin{array}{r}9\\ \times\,12\\ \hline\end{array} \qquad \begin{array}{r}15\\ \times\,1\\ \hline\end{array} \qquad \begin{array}{r}13\\ \times\,7\\ \hline\end{array} \qquad \begin{array}{r}10\\ \times\,11\\ \hline\end{array}$$

$$\begin{array}{r}14\\ \times\,12\\ \hline\end{array} \qquad \begin{array}{r}13\\ \times\,6\\ \hline\end{array} \qquad \begin{array}{r}13\\ \times\,12\\ \hline\end{array} \qquad \begin{array}{r}4\\ \times\,3\\ \hline\end{array}$$

Education is key to success!

Name _____   Date _____

11 × 11	8 × 6	3 × 1	7 × 11
8 × 4	13 × 15	3 × 8	2 × 5
5 × 1	13 × 1	5 × 10	14 × 8
6 × 4	8 × 14	6 × 8	2 × 3
10 × 11	3 × 14	2 × 12	11 × 5

Education is key to success!

Name _____   Date _____

$$\begin{array}{r} 10 \\ \times\ 14 \\ \hline \end{array}\qquad \begin{array}{r} 15 \\ \times\ 10 \\ \hline \end{array}\qquad \begin{array}{r} 9 \\ \times\ 11 \\ \hline \end{array}\qquad \begin{array}{r} 2 \\ \times\ 10 \\ \hline \end{array}$$

$$\begin{array}{r} 10 \\ \times\ 1 \\ \hline \end{array}\qquad \begin{array}{r} 13 \\ \times\ 5 \\ \hline \end{array}\qquad \begin{array}{r} 1 \\ \times\ 7 \\ \hline \end{array}\qquad \begin{array}{r} 6 \\ \times\ 3 \\ \hline \end{array}$$

$$\begin{array}{r} 7 \\ \times\ 1 \\ \hline \end{array}\qquad \begin{array}{r} 4 \\ \times\ 10 \\ \hline \end{array}\qquad \begin{array}{r} 1 \\ \times\ 9 \\ \hline \end{array}\qquad \begin{array}{r} 2 \\ \times\ 8 \\ \hline \end{array}$$

$$\begin{array}{r} 12 \\ \times\ 6 \\ \hline \end{array}\qquad \begin{array}{r} 15 \\ \times\ 14 \\ \hline \end{array}\qquad \begin{array}{r} 15 \\ \times\ 5 \\ \hline \end{array}\qquad \begin{array}{r} 2 \\ \times\ 3 \\ \hline \end{array}$$

$$\begin{array}{r} 13 \\ \times\ 8 \\ \hline \end{array}\qquad \begin{array}{r} 3 \\ \times\ 10 \\ \hline \end{array}\qquad \begin{array}{r} 5 \\ \times\ 4 \\ \hline \end{array}\qquad \begin{array}{r} 2 \\ \times\ 4 \\ \hline \end{array}$$

Education is key to success!

Name _____   Date _____

$\begin{array}{r} 14 \\ \times\ 11 \\ \hline \end{array}$ $\begin{array}{r} 15 \\ \times\ \ 8 \\ \hline \end{array}$ $\begin{array}{r} 6 \\ \times\ 5 \\ \hline \end{array}$ $\begin{array}{r} 3 \\ \times\ 4 \\ \hline \end{array}$

$\begin{array}{r} 5 \\ \times\ 3 \\ \hline \end{array}$ $\begin{array}{r} 9 \\ \times\ 7 \\ \hline \end{array}$ $\begin{array}{r} 7 \\ \times\ 5 \\ \hline \end{array}$ $\begin{array}{r} 6 \\ \times\ 12 \\ \hline \end{array}$

$\begin{array}{r} 2 \\ \times\ 1 \\ \hline \end{array}$ $\begin{array}{r} 14 \\ \times\ \ 1 \\ \hline \end{array}$ $\begin{array}{r} 7 \\ \times\ 7 \\ \hline \end{array}$ $\begin{array}{r} 10 \\ \times\ \ 3 \\ \hline \end{array}$

$\begin{array}{r} 3 \\ \times\ 14 \\ \hline \end{array}$ $\begin{array}{r} 7 \\ \times\ 6 \\ \hline \end{array}$ $\begin{array}{r} 4 \\ \times\ 14 \\ \hline \end{array}$ $\begin{array}{r} 8 \\ \times\ 15 \\ \hline \end{array}$

$\begin{array}{r} 2 \\ \times\ 2 \\ \hline \end{array}$ $\begin{array}{r} 2 \\ \times\ 14 \\ \hline \end{array}$ $\begin{array}{r} 1 \\ \times\ 6 \\ \hline \end{array}$ $\begin{array}{r} 6 \\ \times\ 13 \\ \hline \end{array}$

Education is key to success!

Name _____   Date _____

$$\begin{array}{r}10\\\times\ 2\\\hline\end{array}\qquad\begin{array}{r}10\\\times\ 13\\\hline\end{array}\qquad\begin{array}{r}14\\\times\ 3\\\hline\end{array}\qquad\begin{array}{r}9\\\times\ 3\\\hline\end{array}$$

$$\begin{array}{r}9\\\times\ 4\\\hline\end{array}\qquad\begin{array}{r}4\\\times\ 1\\\hline\end{array}\qquad\begin{array}{r}3\\\times\ 2\\\hline\end{array}\qquad\begin{array}{r}1\\\times\ 9\\\hline\end{array}$$

$$\begin{array}{r}12\\\times\ 4\\\hline\end{array}\qquad\begin{array}{r}9\\\times\ 11\\\hline\end{array}\qquad\begin{array}{r}9\\\times\ 7\\\hline\end{array}\qquad\begin{array}{r}6\\\times\ 5\\\hline\end{array}$$

$$\begin{array}{r}6\\\times\ 15\\\hline\end{array}\qquad\begin{array}{r}15\\\times\ 8\\\hline\end{array}\qquad\begin{array}{r}5\\\times\ 11\\\hline\end{array}\qquad\begin{array}{r}12\\\times\ 6\\\hline\end{array}$$

$$\begin{array}{r}15\\\times\ 14\\\hline\end{array}\qquad\begin{array}{r}15\\\times\ 10\\\hline\end{array}\qquad\begin{array}{r}1\\\times\ 15\\\hline\end{array}\qquad\begin{array}{r}4\\\times\ 2\\\hline\end{array}$$

Education is key to success!

Name _____   Date _____

8×4	7×3	5×14	3×2
6×6	8×14	6×15	2×13
5×8	3×13	7×11	13×9
3×4	9×2	11×1	6×13
14×10	10×4	13×15	5×12

Education is key to success!

Name _____   Date _____

| 3 | 12 | 10 | 13 |
|× 14 |× 8 |× 5 |× 1 |

| 15 | 15 | 12 | 5 |
|× 7 |× 4 |× 9 |× 4 |

| 2 | 13 | 3 | 7 |
|× 15 |× 11 |× 13 |× 7 |

| 8 | 9 | 2 | 4 |
|× 3 |× 7 |× 14 |× 11 |

| 15 | 15 | 3 | 1 |
|× 12 |× 15 |× 12 |× 15 |

Education is key to success!

Name _____   Date _____

$$\begin{array}{r}3\\\times\;10\\\hline\end{array}\qquad\begin{array}{r}13\\\times\;11\\\hline\end{array}\qquad\begin{array}{r}9\\\times\;4\\\hline\end{array}\qquad\begin{array}{r}13\\\times\;5\\\hline\end{array}$$

$$\begin{array}{r}2\\\times\;12\\\hline\end{array}\qquad\begin{array}{r}6\\\times\;4\\\hline\end{array}\qquad\begin{array}{r}12\\\times\;2\\\hline\end{array}\qquad\begin{array}{r}12\\\times\;10\\\hline\end{array}$$

$$\begin{array}{r}6\\\times\;3\\\hline\end{array}\qquad\begin{array}{r}11\\\times\;7\\\hline\end{array}\qquad\begin{array}{r}5\\\times\;2\\\hline\end{array}\qquad\begin{array}{r}9\\\times\;11\\\hline\end{array}$$

$$\begin{array}{r}11\\\times\;4\\\hline\end{array}\qquad\begin{array}{r}3\\\times\;5\\\hline\end{array}\qquad\begin{array}{r}14\\\times\;11\\\hline\end{array}\qquad\begin{array}{r}10\\\times\;12\\\hline\end{array}$$

$$\begin{array}{r}15\\\times\;9\\\hline\end{array}\qquad\begin{array}{r}11\\\times\;14\\\hline\end{array}\qquad\begin{array}{r}10\\\times\;6\\\hline\end{array}\qquad\begin{array}{r}1\\\times\;1\\\hline\end{array}$$

Education is key to success!

Name _____   Date _____

14 × 10	4 × 2	15 × 13	4 × 5
6 × 14	13 × 10	15 × 14	4 × 10
5 × 7	14 × 2	15 × 10	1 × 5
8 × 10	2 × 4	7 × 12	6 × 6
10 × 3	3 × 1	4 × 3	5 × 9

Education is key to success!

Name _____   Date _____

| 11 | 4 | 10 | 5 |
| × 10 | × 11 | × 7 | × 10 |

| 1 | 14 | 14 | 1 |
| × 5 | × 13 | × 9 | × 2 |

| 12 | 8 | 6 | 13 |
| × 9 | × 8 | × 13 | × 14 |

| 1 | 3 | 11 | 13 |
| × 10 | × 14 | × 1 | × 12 |

| 2 | 4 | 4 | 15 |
| × 12 | × 4 | × 12 | × 14 |

Education is key to success!

Name _____   Date _____

$$\begin{array}{r}4\\ \times\,4\\ \hline\end{array}\qquad \begin{array}{r}2\\ \times\,6\\ \hline\end{array}\qquad \begin{array}{r}8\\ \times\,12\\ \hline\end{array}\qquad \begin{array}{r}15\\ \times\,13\\ \hline\end{array}$$

$$\begin{array}{r}4\\ \times\,13\\ \hline\end{array}\qquad \begin{array}{r}15\\ \times\,12\\ \hline\end{array}\qquad \begin{array}{r}12\\ \times\,4\\ \hline\end{array}\qquad \begin{array}{r}14\\ \times\,1\\ \hline\end{array}$$

$$\begin{array}{r}15\\ \times\,2\\ \hline\end{array}\qquad \begin{array}{r}8\\ \times\,4\\ \hline\end{array}\qquad \begin{array}{r}1\\ \times\,3\\ \hline\end{array}\qquad \begin{array}{r}3\\ \times\,13\\ \hline\end{array}$$

$$\begin{array}{r}2\\ \times\,9\\ \hline\end{array}\qquad \begin{array}{r}1\\ \times\,12\\ \hline\end{array}\qquad \begin{array}{r}1\\ \times\,13\\ \hline\end{array}\qquad \begin{array}{r}5\\ \times\,14\\ \hline\end{array}$$

$$\begin{array}{r}2\\ \times\,10\\ \hline\end{array}\qquad \begin{array}{r}3\\ \times\,11\\ \hline\end{array}\qquad \begin{array}{r}13\\ \times\,9\\ \hline\end{array}\qquad \begin{array}{r}2\\ \times\,3\\ \hline\end{array}$$

Education is key to success!

Name _____   Date _____

$$\begin{array}{r} 14 \\ \times\ 7 \\ \hline \end{array} \qquad \begin{array}{r} 14 \\ \times\ 8 \\ \hline \end{array} \qquad \begin{array}{r} 5 \\ \times\ 5 \\ \hline \end{array} \qquad \begin{array}{r} 8 \\ \times\ 2 \\ \hline \end{array}$$

$$\begin{array}{r} 8 \\ \times\ 12 \\ \hline \end{array} \qquad \begin{array}{r} 9 \\ \times\ 8 \\ \hline \end{array} \qquad \begin{array}{r} 8 \\ \times\ 10 \\ \hline \end{array} \qquad \begin{array}{r} 3 \\ \times\ 14 \\ \hline \end{array}$$

$$\begin{array}{r} 8 \\ \times\ 3 \\ \hline \end{array} \qquad \begin{array}{r} 15 \\ \times\ 11 \\ \hline \end{array} \qquad \begin{array}{r} 1 \\ \times\ 2 \\ \hline \end{array} \qquad \begin{array}{r} 15 \\ \times\ 10 \\ \hline \end{array}$$

$$\begin{array}{r} 6 \\ \times\ 12 \\ \hline \end{array} \qquad \begin{array}{r} 4 \\ \times\ 12 \\ \hline \end{array} \qquad \begin{array}{r} 5 \\ \times\ 9 \\ \hline \end{array} \qquad \begin{array}{r} 1 \\ \times\ 1 \\ \hline \end{array}$$

$$\begin{array}{r} 15 \\ \times\ 1 \\ \hline \end{array} \qquad \begin{array}{r} 10 \\ \times\ 15 \\ \hline \end{array} \qquad \begin{array}{r} 8 \\ \times\ 11 \\ \hline \end{array} \qquad \begin{array}{r} 6 \\ \times\ 1 \\ \hline \end{array}$$

Education is key to success!

Name _____   Date _____

14 × 12	6 × 4	2 × 10	15 × 7
10 × 13	3 × 9	14 × 2	10 × 1
3 × 8	6 × 12	15 × 3	14 × 5
11 × 11	9 × 13	6 × 3	11 × 9
4 × 7	7 × 15	12 × 14	13 × 1

Education is key to success!

Name _____   Date _____

$$\begin{array}{r}11\\ \times\ 8\\ \hline\end{array}\qquad\begin{array}{r}12\\ \times\ 15\\ \hline\end{array}\qquad\begin{array}{r}12\\ \times\ 11\\ \hline\end{array}\qquad\begin{array}{r}8\\ \times\ 15\\ \hline\end{array}$$

$$\begin{array}{r}4\\ \times\ 6\\ \hline\end{array}\qquad\begin{array}{r}8\\ \times\ 9\\ \hline\end{array}\qquad\begin{array}{r}10\\ \times\ 11\\ \hline\end{array}\qquad\begin{array}{r}7\\ \times\ 11\\ \hline\end{array}$$

$$\begin{array}{r}9\\ \times\ 6\\ \hline\end{array}\qquad\begin{array}{r}12\\ \times\ 9\\ \hline\end{array}\qquad\begin{array}{r}15\\ \times\ 7\\ \hline\end{array}\qquad\begin{array}{r}9\\ \times\ 14\\ \hline\end{array}$$

$$\begin{array}{r}12\\ \times\ 4\\ \hline\end{array}\qquad\begin{array}{r}6\\ \times\ 6\\ \hline\end{array}\qquad\begin{array}{r}13\\ \times\ 2\\ \hline\end{array}\qquad\begin{array}{r}15\\ \times\ 15\\ \hline\end{array}$$

$$\begin{array}{r}4\\ \times\ 11\\ \hline\end{array}\qquad\begin{array}{r}7\\ \times\ 4\\ \hline\end{array}\qquad\begin{array}{r}3\\ \times\ 1\\ \hline\end{array}\qquad\begin{array}{r}2\\ \times\ 6\\ \hline\end{array}$$

Education is key to success!

Name _____ Date _____

1 × 3	6 × 9	2 × 11	1 × 15
5 × 15	11 × 4	15 × 6	8 × 5
1 × 5	7 × 4	3 × 12	13 × 15
6 × 7	14 × 6	14 × 3	11 × 12
3 × 7	6 × 5	12 × 15	2 × 2

Education is key to success!

Name _____   Date _____

$$\begin{array}{r}6\\ \times\ 7\\ \hline\end{array}$$ $$\begin{array}{r}1\\ \times\ 8\\ \hline\end{array}$$ $$\begin{array}{r}12\\ \times\ 14\\ \hline\end{array}$$ $$\begin{array}{r}13\\ \times\ 15\\ \hline\end{array}$$

$$\begin{array}{r}4\\ \times\ 7\\ \hline\end{array}$$ $$\begin{array}{r}10\\ \times\ 7\\ \hline\end{array}$$ $$\begin{array}{r}5\\ \times\ 13\\ \hline\end{array}$$ $$\begin{array}{r}5\\ \times\ 8\\ \hline\end{array}$$

$$\begin{array}{r}4\\ \times\ 12\\ \hline\end{array}$$ $$\begin{array}{r}1\\ \times\ 10\\ \hline\end{array}$$ $$\begin{array}{r}10\\ \times\ 13\\ \hline\end{array}$$ $$\begin{array}{r}15\\ \times\ 1\\ \hline\end{array}$$

$$\begin{array}{r}8\\ \times\ 3\\ \hline\end{array}$$ $$\begin{array}{r}3\\ \times\ 3\\ \hline\end{array}$$ $$\begin{array}{r}6\\ \times\ 4\\ \hline\end{array}$$ $$\begin{array}{r}13\\ \times\ 2\\ \hline\end{array}$$

$$\begin{array}{r}4\\ \times\ 4\\ \hline\end{array}$$ $$\begin{array}{r}13\\ \times\ 14\\ \hline\end{array}$$ $$\begin{array}{r}1\\ \times\ 14\\ \hline\end{array}$$ $$\begin{array}{r}5\\ \times\ 14\\ \hline\end{array}$$

Education is key to success!

Name _____   Date _____

12 × 2	10 × 11	1 × 3	13 × 6
10 × 15	4 × 8	8 × 12	11 × 2
7 × 12	15 × 6	1 × 4	1 × 13
5 × 9	8 × 14	14 × 3	7 × 8
11 × 9	14 × 13	6 × 6	2 × 2

Education is key to success!

Name _____ Date _____

15 × 8	1 × 15	9 × 1	7 × 8
6 × 7	5 × 15	9 × 5	12 × 7
7 × 14	4 × 11	11 × 4	4 × 10
6 × 3	1 × 7	10 × 15	12 × 6
13 × 12	8 × 7	15 × 13	15 × 14

Education is key to success!

Name _____ Date _____

7 × 10	8 × 8	9 × 9	4 × 14
9 × 12	6 × 14	7 × 11	4 × 3
6 × 10	15 × 7	10 × 6	3 × 10
15 × 1	2 × 9	6 × 8	1 × 10
8 × 12	9 × 7	1 × 4	13 × 13

Education is key to success!

Name _____   Date _____

2 × 14	12 × 2	4 × 4	10 × 2
11 × 10	11 × 7	1 × 2	10 × 1
10 × 3	6 × 15	13 × 6	14 × 9
8 × 4	1 × 10	5 × 10	3 × 8
6 × 10	4 × 12	15 × 14	9 × 9

Education is key to success!

Name _____   Date _____

$$\begin{array}{r}12\\ \times\ 2\\ \hline\end{array} \qquad \begin{array}{r}1\\ \times\ 4\\ \hline\end{array} \qquad \begin{array}{r}1\\ \times\ 6\\ \hline\end{array} \qquad \begin{array}{r}12\\ \times\ 7\\ \hline\end{array}$$

$$\begin{array}{r}15\\ \times\ 2\\ \hline\end{array} \qquad \begin{array}{r}2\\ \times\ 9\\ \hline\end{array} \qquad \begin{array}{r}7\\ \times\ 10\\ \hline\end{array} \qquad \begin{array}{r}5\\ \times\ 11\\ \hline\end{array}$$

$$\begin{array}{r}5\\ \times\ 13\\ \hline\end{array} \qquad \begin{array}{r}14\\ \times\ 13\\ \hline\end{array} \qquad \begin{array}{r}6\\ \times\ 2\\ \hline\end{array} \qquad \begin{array}{r}12\\ \times\ 12\\ \hline\end{array}$$

$$\begin{array}{r}6\\ \times\ 4\\ \hline\end{array} \qquad \begin{array}{r}5\\ \times\ 1\\ \hline\end{array} \qquad \begin{array}{r}14\\ \times\ 5\\ \hline\end{array} \qquad \begin{array}{r}13\\ \times\ 8\\ \hline\end{array}$$

$$\begin{array}{r}14\\ \times\ 9\\ \hline\end{array} \qquad \begin{array}{r}2\\ \times\ 4\\ \hline\end{array} \qquad \begin{array}{r}9\\ \times\ 10\\ \hline\end{array} \qquad \begin{array}{r}9\\ \times\ 4\\ \hline\end{array}$$

Education is key to success!

Name _____   Date _____

13 × 1	13 × 15	11 × 8	9 × 10
1 × 9	3 × 8	10 × 13	8 × 5
11 × 15	9 × 8	7 × 13	3 × 2
7 × 9	15 × 13	7 × 8	15 × 11
3 × 9	4 × 13	10 × 4	6 × 12

Education is key to success!

Name _____ Date _____

```
  12        11         5        11
×  7       × 5       × 2      × 12


  14         3        10         4
× 13       × 15      × 11      × 13


   1         9        14         2
× 15       × 14      ×  6      × 14


   6        15        11        12
×  1       × 13      ×  9      × 15


  10         4         2         4
×  5       × 5       × 7       × 4
```

Education is key to success!

Name _____   Date _____

1 × 5	1 × 2	13 × 7	15 × 8
3 × 8	13 × 5	2 × 4	14 × 5
5 × 2	8 × 9	14 × 11	5 × 12
2 × 8	11 × 4	13 × 1	3 × 9
5 × 7	3 × 6	4 × 2	10 × 9

Education is key to success!

Name _____ Date _____

8 × 15	3 × 8	14 × 1	2 × 12
10 × 8	8 × 13	15 × 5	12 × 14
14 × 13	11 × 2	5 × 13	1 × 14
13 × 13	14 × 11	2 × 3	4 × 6
3 × 9	3 × 11	13 × 14	15 × 7

Education is key to success!

Name _____   Date _____

1 × 10	15 × 14	12 × 15	9 × 1
15 × 10	3 × 12	13 × 4	7 × 11
14 × 10	14 × 13	9 × 6	2 × 14
2 × 8	15 × 6	13 × 5	4 × 13
11 × 3	12 × 3	9 × 14	4 × 10

Education is key to success!

Name _____   Date _____

$$\begin{array}{r}15\\ \times\ 7\\ \hline\end{array}$$
$$\begin{array}{r}9\\ \times\ 6\\ \hline\end{array}$$
$$\begin{array}{r}15\\ \times\ 13\\ \hline\end{array}$$
$$\begin{array}{r}4\\ \times\ 8\\ \hline\end{array}$$

$$\begin{array}{r}5\\ \times\ 8\\ \hline\end{array}$$
$$\begin{array}{r}15\\ \times\ 15\\ \hline\end{array}$$
$$\begin{array}{r}11\\ \times\ 12\\ \hline\end{array}$$
$$\begin{array}{r}10\\ \times\ 13\\ \hline\end{array}$$

$$\begin{array}{r}5\\ \times\ 14\\ \hline\end{array}$$
$$\begin{array}{r}5\\ \times\ 6\\ \hline\end{array}$$
$$\begin{array}{r}13\\ \times\ 7\\ \hline\end{array}$$
$$\begin{array}{r}15\\ \times\ 5\\ \hline\end{array}$$

$$\begin{array}{r}2\\ \times\ 1\\ \hline\end{array}$$
$$\begin{array}{r}11\\ \times\ 5\\ \hline\end{array}$$
$$\begin{array}{r}1\\ \times\ 11\\ \hline\end{array}$$
$$\begin{array}{r}4\\ \times\ 4\\ \hline\end{array}$$

$$\begin{array}{r}8\\ \times\ 10\\ \hline\end{array}$$
$$\begin{array}{r}3\\ \times\ 13\\ \hline\end{array}$$
$$\begin{array}{r}6\\ \times\ 7\\ \hline\end{array}$$
$$\begin{array}{r}5\\ \times\ 10\\ \hline\end{array}$$

Education is key o success!

Name _____ Date _____

$$\begin{array}{r}3\\ \times\,2\\ \hline\end{array}\qquad\begin{array}{r}8\\ \times\,5\\ \hline\end{array}\qquad\begin{array}{r}11\\ \times\,14\\ \hline\end{array}\qquad\begin{array}{r}14\\ \times\,11\\ \hline\end{array}$$

$$\begin{array}{r}3\\ \times\,9\\ \hline\end{array}\qquad\begin{array}{r}6\\ \times\,13\\ \hline\end{array}\qquad\begin{array}{r}1\\ \times\,13\\ \hline\end{array}\qquad\begin{array}{r}14\\ \times\,15\\ \hline\end{array}$$

$$\begin{array}{r}15\\ \times\,14\\ \hline\end{array}\qquad\begin{array}{r}6\\ \times\,3\\ \hline\end{array}\qquad\begin{array}{r}12\\ \times\,12\\ \hline\end{array}\qquad\begin{array}{r}10\\ \times\,14\\ \hline\end{array}$$

$$\begin{array}{r}7\\ \times\,6\\ \hline\end{array}\qquad\begin{array}{r}12\\ \times\,5\\ \hline\end{array}\qquad\begin{array}{r}3\\ \times\,14\\ \hline\end{array}\qquad\begin{array}{r}12\\ \times\,7\\ \hline\end{array}$$

$$\begin{array}{r}12\\ \times\,13\\ \hline\end{array}\qquad\begin{array}{r}8\\ \times\,11\\ \hline\end{array}\qquad\begin{array}{r}11\\ \times\,15\\ \hline\end{array}\qquad\begin{array}{r}3\\ \times\,15\\ \hline\end{array}$$

Education is key to success!

Name _____   Date _____

$$\begin{array}{r}3\\\times\ 7\\\hline\end{array}\qquad\begin{array}{r}3\\\times\ 5\\\hline\end{array}\qquad\begin{array}{r}11\\\times\ 11\\\hline\end{array}\qquad\begin{array}{r}2\\\times\ 7\\\hline\end{array}$$

$$\begin{array}{r}12\\\times\ 6\\\hline\end{array}\qquad\begin{array}{r}11\\\times\ 5\\\hline\end{array}\qquad\begin{array}{r}9\\\times\ 5\\\hline\end{array}\qquad\begin{array}{r}15\\\times\ 3\\\hline\end{array}$$

$$\begin{array}{r}5\\\times\ 7\\\hline\end{array}\qquad\begin{array}{r}4\\\times\ 4\\\hline\end{array}\qquad\begin{array}{r}11\\\times\ 7\\\hline\end{array}\qquad\begin{array}{r}12\\\times\ 1\\\hline\end{array}$$

$$\begin{array}{r}2\\\times\ 1\\\hline\end{array}\qquad\begin{array}{r}14\\\times\ 15\\\hline\end{array}\qquad\begin{array}{r}5\\\times\ 13\\\hline\end{array}\qquad\begin{array}{r}11\\\times\ 8\\\hline\end{array}$$

$$\begin{array}{r}6\\\times\ 4\\\hline\end{array}\qquad\begin{array}{r}6\\\times\ 6\\\hline\end{array}\qquad\begin{array}{r}8\\\times\ 6\\\hline\end{array}\qquad\begin{array}{r}14\\\times\ 9\\\hline\end{array}$$

Education is key to success!

Name _____   Date _____

| 8×14 | 8×2 | 11×8 | 3×12 |

| 9×3 | 8×10 | 2×10 | 5×2 |

| 3×13 | 15×4 | 14×15 | 15×6 |

| 3×2 | 10×5 | 8×13 | 7×2 |

| 1×7 | 7×4 | 12×15 | 10×12 |

Education is key to success!

Name _____ Date _____

2 × 10	14 × 7	11 × 1	10 × 13
5 × 14	4 × 8	4 × 1	2 × 8
7 × 6	8 × 8	2 × 14	9 × 9
5 × 3	6 × 15	11 × 6	14 × 13
2 × 7	14 × 14	11 × 7	12 × 14

Education is key to success!

Name _____ Date _____

$$\begin{array}{r}1\\ \times\,5\\ \hline\end{array} \qquad \begin{array}{r}2\\ \times\,7\\ \hline\end{array} \qquad \begin{array}{r}13\\ \times\,4\\ \hline\end{array} \qquad \begin{array}{r}7\\ \times\,9\\ \hline\end{array}$$

$$\begin{array}{r}4\\ \times\,12\\ \hline\end{array} \qquad \begin{array}{r}2\\ \times\,10\\ \hline\end{array} \qquad \begin{array}{r}12\\ \times\,11\\ \hline\end{array} \qquad \begin{array}{r}12\\ \times\,3\\ \hline\end{array}$$

$$\begin{array}{r}2\\ \times\,12\\ \hline\end{array} \qquad \begin{array}{r}8\\ \times\,13\\ \hline\end{array} \qquad \begin{array}{r}6\\ \times\,8\\ \hline\end{array} \qquad \begin{array}{r}15\\ \times\,1\\ \hline\end{array}$$

$$\begin{array}{r}11\\ \times\,6\\ \hline\end{array} \qquad \begin{array}{r}15\\ \times\,6\\ \hline\end{array} \qquad \begin{array}{r}14\\ \times\,2\\ \hline\end{array} \qquad \begin{array}{r}10\\ \times\,14\\ \hline\end{array}$$

$$\begin{array}{r}5\\ \times\,1\\ \hline\end{array} \qquad \begin{array}{r}4\\ \times\,7\\ \hline\end{array} \qquad \begin{array}{r}5\\ \times\,15\\ \hline\end{array} \qquad \begin{array}{r}7\\ \times\,11\\ \hline\end{array}$$

Education is key to success!

Name _____   Date _____

$$\begin{array}{r}6\\ \times\ 6\\ \hline\end{array} \qquad \begin{array}{r}8\\ \times\ 10\\ \hline\end{array} \qquad \begin{array}{r}10\\ \times\ 3\\ \hline\end{array} \qquad \begin{array}{r}6\\ \times\ 7\\ \hline\end{array}$$

$$\begin{array}{r}2\\ \times\ 4\\ \hline\end{array} \qquad \begin{array}{r}14\\ \times\ 1\\ \hline\end{array} \qquad \begin{array}{r}12\\ \times\ 6\\ \hline\end{array} \qquad \begin{array}{r}2\\ \times\ 7\\ \hline\end{array}$$

$$\begin{array}{r}2\\ \times\ 15\\ \hline\end{array} \qquad \begin{array}{r}4\\ \times\ 3\\ \hline\end{array} \qquad \begin{array}{r}5\\ \times\ 10\\ \hline\end{array} \qquad \begin{array}{r}7\\ \times\ 2\\ \hline\end{array}$$

$$\begin{array}{r}10\\ \times\ 7\\ \hline\end{array} \qquad \begin{array}{r}13\\ \times\ 5\\ \hline\end{array} \qquad \begin{array}{r}5\\ \times\ 14\\ \hline\end{array} \qquad \begin{array}{r}5\\ \times\ 6\\ \hline\end{array}$$

$$\begin{array}{r}2\\ \times\ 9\\ \hline\end{array} \qquad \begin{array}{r}13\\ \times\ 12\\ \hline\end{array} \qquad \begin{array}{r}4\\ \times\ 5\\ \hline\end{array} \qquad \begin{array}{r}14\\ \times\ 11\\ \hline\end{array}$$

Education is key to success!

Name _____ Date _____

$\begin{array}{r} 14 \\ \times\ 1 \\ \hline \end{array}$	$\begin{array}{r} 13 \\ \times\ 8 \\ \hline \end{array}$	$\begin{array}{r} 8 \\ \times\ 3 \\ \hline \end{array}$	$\begin{array}{r} 8 \\ \times\ 2 \\ \hline \end{array}$
$\begin{array}{r} 3 \\ \times\ 4 \\ \hline \end{array}$	$\begin{array}{r} 14 \\ \times\ 10 \\ \hline \end{array}$	$\begin{array}{r} 15 \\ \times\ 11 \\ \hline \end{array}$	$\begin{array}{r} 15 \\ \times\ 14 \\ \hline \end{array}$
$\begin{array}{r} 14 \\ \times\ 3 \\ \hline \end{array}$	$\begin{array}{r} 14 \\ \times\ 14 \\ \hline \end{array}$	$\begin{array}{r} 12 \\ \times\ 1 \\ \hline \end{array}$	$\begin{array}{r} 15 \\ \times\ 8 \\ \hline \end{array}$
$\begin{array}{r} 2 \\ \times\ 14 \\ \hline \end{array}$	$\begin{array}{r} 10 \\ \times\ 10 \\ \hline \end{array}$	$\begin{array}{r} 12 \\ \times\ 9 \\ \hline \end{array}$	$\begin{array}{r} 1 \\ \times\ 9 \\ \hline \end{array}$
$\begin{array}{r} 8 \\ \times\ 5 \\ \hline \end{array}$	$\begin{array}{r} 7 \\ \times\ 3 \\ \hline \end{array}$	$\begin{array}{r} 4 \\ \times\ 12 \\ \hline \end{array}$	$\begin{array}{r} 6 \\ \times\ 4 \\ \hline \end{array}$

Education is key to success!

Name _____ Date _____

$$\begin{array}{r} 12 \\ \times\ 9 \\ \hline \end{array} \qquad \begin{array}{r} 4 \\ \times\ 10 \\ \hline \end{array} \qquad \begin{array}{r} 1 \\ \times\ 15 \\ \hline \end{array} \qquad \begin{array}{r} 13 \\ \times\ 1 \\ \hline \end{array}$$

$$\begin{array}{r} 5 \\ \times\ 9 \\ \hline \end{array} \qquad \begin{array}{r} 14 \\ \times\ 4 \\ \hline \end{array} \qquad \begin{array}{r} 8 \\ \times\ 14 \\ \hline \end{array} \qquad \begin{array}{r} 5 \\ \times\ 14 \\ \hline \end{array}$$

$$\begin{array}{r} 1 \\ \times\ 8 \\ \hline \end{array} \qquad \begin{array}{r} 3 \\ \times\ 3 \\ \hline \end{array} \qquad \begin{array}{r} 12 \\ \times\ 6 \\ \hline \end{array} \qquad \begin{array}{r} 14 \\ \times\ 7 \\ \hline \end{array}$$

$$\begin{array}{r} 11 \\ \times\ 8 \\ \hline \end{array} \qquad \begin{array}{r} 13 \\ \times\ 11 \\ \hline \end{array} \qquad \begin{array}{r} 3 \\ \times\ 10 \\ \hline \end{array} \qquad \begin{array}{r} 3 \\ \times\ 8 \\ \hline \end{array}$$

$$\begin{array}{r} 1 \\ \times\ 4 \\ \hline \end{array} \qquad \begin{array}{r} 14 \\ \times\ 2 \\ \hline \end{array} \qquad \begin{array}{r} 10 \\ \times\ 3 \\ \hline \end{array} \qquad \begin{array}{r} 15 \\ \times\ 3 \\ \hline \end{array}$$

Education is key to success!

Name _____ Date _____

$\begin{array}{r}5\\\times\,2\\\hline\end{array}$ $\begin{array}{r}5\\\times\,9\\\hline\end{array}$ $\begin{array}{r}14\\\times\,12\\\hline\end{array}$ $\begin{array}{r}13\\\times\,6\\\hline\end{array}$

$\begin{array}{r}13\\\times\,8\\\hline\end{array}$ $\begin{array}{r}13\\\times\,11\\\hline\end{array}$ $\begin{array}{r}6\\\times\,15\\\hline\end{array}$ $\begin{array}{r}1\\\times\,2\\\hline\end{array}$

$\begin{array}{r}7\\\times\,4\\\hline\end{array}$ $\begin{array}{r}9\\\times\,14\\\hline\end{array}$ $\begin{array}{r}14\\\times\,11\\\hline\end{array}$ $\begin{array}{r}10\\\times\,1\\\hline\end{array}$

$\begin{array}{r}1\\\times\,1\\\hline\end{array}$ $\begin{array}{r}2\\\times\,1\\\hline\end{array}$ $\begin{array}{r}15\\\times\,8\\\hline\end{array}$ $\begin{array}{r}14\\\times\,8\\\hline\end{array}$

$\begin{array}{r}5\\\times\,15\\\hline\end{array}$ $\begin{array}{r}10\\\times\,12\\\hline\end{array}$ $\begin{array}{r}14\\\times\,9\\\hline\end{array}$ $\begin{array}{r}11\\\times\,7\\\hline\end{array}$

Education is key to success!

Name _____ Date _____

```
    6          15          10           1
× 12         ×  1         ×  6        × 11


   10           8          15           3
× 12         × 13         ×  3        ×  3


    1          11           1           8
× 15         ×  7         ×  6        × 10


    5          11          12           9
×  9         ×  8         × 14        ×  4


    3          12          14           8
× 11         ×  5         ×  6        ×  7
```

Education is key to success!

Name _____   Date _____

4 × 11	12 × 14	9 × 1	6 × 5
14 × 12	13 × 10	5 × 12	10 × 12
11 × 7	15 × 10	2 × 4	13 × 7
6 × 10	6 × 6	10 × 7	7 × 4
13 × 13	1 × 6	5 × 14	7 × 13

Education is key to success!

Name _____   Date _____

14 × 13	9 × 3	2 × 4	11 × 10
10 × 1	4 × 3	13 × 5	8 × 2
3 × 11	2 × 12	10 × 2	3 × 10
7 × 6	13 × 4	1 × 4	15 × 6
14 × 10	1 × 1	14 × 6	10 × 14

Education is key to success!

Name _____ Date _____

$$\begin{array}{r}10\\ \times\ 1\\ \hline\end{array} \qquad \begin{array}{r}9\\ \times\ 10\\ \hline\end{array} \qquad \begin{array}{r}12\\ \times\ 5\\ \hline\end{array} \qquad \begin{array}{r}3\\ \times\ 1\\ \hline\end{array}$$

$$\begin{array}{r}7\\ \times\ 14\\ \hline\end{array} \qquad \begin{array}{r}15\\ \times\ 15\\ \hline\end{array} \qquad \begin{array}{r}2\\ \times\ 13\\ \hline\end{array} \qquad \begin{array}{r}7\\ \times\ 1\\ \hline\end{array}$$

$$\begin{array}{r}13\\ \times\ 8\\ \hline\end{array} \qquad \begin{array}{r}13\\ \times\ 5\\ \hline\end{array} \qquad \begin{array}{r}12\\ \times\ 7\\ \hline\end{array} \qquad \begin{array}{r}7\\ \times\ 6\\ \hline\end{array}$$

$$\begin{array}{r}7\\ \times\ 3\\ \hline\end{array} \qquad \begin{array}{r}5\\ \times\ 7\\ \hline\end{array} \qquad \begin{array}{r}1\\ \times\ 10\\ \hline\end{array} \qquad \begin{array}{r}9\\ \times\ 15\\ \hline\end{array}$$

$$\begin{array}{r}4\\ \times\ 15\\ \hline\end{array} \qquad \begin{array}{r}4\\ \times\ 13\\ \hline\end{array} \qquad \begin{array}{r}10\\ \times\ 3\\ \hline\end{array} \qquad \begin{array}{r}8\\ \times\ 2\\ \hline\end{array}$$

Education is key to success!

Name _____ Date _____

3 × 13	11 × 14	2 × 12	7 × 11
2 × 7	14 × 4	3 × 3	13 × 14
10 × 12	13 × 7	15 × 14	1 × 4
3 × 1	13 × 12	2 × 2	10 × 15
6 × 13	12 × 7	12 × 2	15 × 7

Education is key to success!

Name _____ Date _____

13 × 13	15 × 13	3 × 4	2 × 14
5 × 8	7 × 12	10 × 9	4 × 14
11 × 13	2 × 3	9 × 5	11 × 4
15 × 12	6 × 1	12 × 15	15 × 8
12 × 14	15 × 6	8 × 12	9 × 1

Education is key to success!

Name _____ Date _____

$$\begin{array}{r}14\\\times\ 3\\\hline\end{array} \qquad \begin{array}{r}8\\\times\ 1\\\hline\end{array} \qquad \begin{array}{r}12\\\times\ 6\\\hline\end{array} \qquad \begin{array}{r}5\\\times\ 4\\\hline\end{array}$$

$$\begin{array}{r}10\\\times\ 4\\\hline\end{array} \qquad \begin{array}{r}15\\\times\ 3\\\hline\end{array} \qquad \begin{array}{r}4\\\times\ 2\\\hline\end{array} \qquad \begin{array}{r}8\\\times\ 8\\\hline\end{array}$$

$$\begin{array}{r}14\\\times\ 7\\\hline\end{array} \qquad \begin{array}{r}12\\\times\ 1\\\hline\end{array} \qquad \begin{array}{r}7\\\times\ 9\\\hline\end{array} \qquad \begin{array}{r}4\\\times\ 14\\\hline\end{array}$$

$$\begin{array}{r}15\\\times\ 13\\\hline\end{array} \qquad \begin{array}{r}10\\\times\ 7\\\hline\end{array} \qquad \begin{array}{r}12\\\times\ 15\\\hline\end{array} \qquad \begin{array}{r}3\\\times\ 14\\\hline\end{array}$$

$$\begin{array}{r}6\\\times\ 12\\\hline\end{array} \qquad \begin{array}{r}3\\\times\ 11\\\hline\end{array} \qquad \begin{array}{r}1\\\times\ 11\\\hline\end{array} \qquad \begin{array}{r}15\\\times\ 15\\\hline\end{array}$$

Education is key to success!

Name _____   Date _____

3 × 12	14 × 7	9 × 6	8 × 5
13 × 13	8 × 3	14 × 6	2 × 4
8 × 15	8 × 8	12 × 10	5 × 6
6 × 1	2 × 8	14 × 13	13 × 14
3 × 15	6 × 2	7 × 10	2 × 5

Education is key to success!

Name _____   Date _____

15 × 14	13 × 5	5 × 4	13 × 9
14 × 14	4 × 12	6 × 5	15 × 4
1 × 9	6 × 6	11 × 1	1 × 10
15 × 11	3 × 12	2 × 10	8 × 14
13 × 4	5 × 2	14 × 2	12 × 10

Education is key to success!

Name _____   Date _____

6 × 7	5 × 9	4 × 2	3 × 3
7 × 3	1 × 15	10 × 3	10 × 1
9 × 3	8 × 12	8 × 15	11 × 8
3 × 2	5 × 11	6 × 3	1 × 10
5 × 15	14 × 12	1 × 3	3 × 4

Education is key to success!

Name _____   Date _____

$\begin{array}{r}8\\ \times\,3\\ \hline\end{array}$ $\qquad$ $\begin{array}{r}2\\ \times\,6\\ \hline\end{array}$ $\qquad$ $\begin{array}{r}8\\ \times\,6\\ \hline\end{array}$ $\qquad$ $\begin{array}{r}3\\ \times\,8\\ \hline\end{array}$

$\begin{array}{r}9\\ \times\,1\\ \hline\end{array}$ $\qquad$ $\begin{array}{r}10\\ \times\,2\\ \hline\end{array}$ $\qquad$ $\begin{array}{r}3\\ \times\,4\\ \hline\end{array}$ $\qquad$ $\begin{array}{r}5\\ \times\,4\\ \hline\end{array}$

$\begin{array}{r}11\\ \times\,14\\ \hline\end{array}$ $\qquad$ $\begin{array}{r}6\\ \times\,11\\ \hline\end{array}$ $\qquad$ $\begin{array}{r}4\\ \times\,9\\ \hline\end{array}$ $\qquad$ $\begin{array}{r}1\\ \times\,2\\ \hline\end{array}$

$\begin{array}{r}9\\ \times\,15\\ \hline\end{array}$ $\qquad$ $\begin{array}{r}12\\ \times\,7\\ \hline\end{array}$ $\qquad$ $\begin{array}{r}9\\ \times\,3\\ \hline\end{array}$ $\qquad$ $\begin{array}{r}6\\ \times\,13\\ \hline\end{array}$

$\begin{array}{r}3\\ \times\,3\\ \hline\end{array}$ $\qquad$ $\begin{array}{r}3\\ \times\,14\\ \hline\end{array}$ $\qquad$ $\begin{array}{r}10\\ \times\,1\\ \hline\end{array}$ $\qquad$ $\begin{array}{r}1\\ \times\,1\\ \hline\end{array}$

Education is key to success!

Name _____   Date _____

10 × 3	5 × 5	12 × 5	11 × 14
2 × 4	5 × 12	8 × 4	15 × 14
10 × 5	6 × 15	3 × 8	1 × 1
15 × 8	8 × 13	14 × 12	15 × 12
1 × 2	11 × 12	10 × 15	13 × 15

Education is key to success!

Name _____ Date _____

11 × 5	2 × 4	1 × 12	10 × 7
13 × 7	2 × 5	14 × 11	9 × 13
8 × 5	11 × 9	13 × 4	13 × 10
13 × 14	6 × 11	8 × 8	15 × 4
10 × 5	2 × 6	10 × 15	13 × 3

Education is key to success!

Name _____   Date _____

6	10	7	12
× 14	× 14	× 4	× 13

5	11	10	15
× 3	× 5	× 11	× 11

1	11	5	3
× 12	× 13	× 10	× 10

2	10	7	13
× 13	× 8	× 8	× 8

11	2	13	4
× 3	× 2	× 13	× 2

Education is key to success!